JN436565

필요한 만큼의 슬픔

●

시월 최영호 시집

●

오늘의문학사

국립중앙도서관 출판시도서목록(CIP)

필요한 만큼의 슬픔 : 최영호 시집 / 지은이: 최영호. --
대전 : 오늘의문학사, 2018
p. ; cm. -- (문학사랑 시인선 ; 058)

표제관련정보: 포용적 인간애와 서정적 정취의 파노라마
대전문화재단과 대전광역시에서 사업비 일부를 지원받았음
ISBN 978-89-5669-885-4 03810 : ₩20000

한국 현대시[韓國現代詩]

811.7-KDC6
895.715-DDC23 CIP2018000825

필요한 만큼의 슬픔

■ **서시**

발자국

먼 데서 바람이 불어오고
바람 분 뒤 양떼구름이 밀려오고
구름 간 후 주룩주룩 작달비가 내리더니
발자국이 다 없어졌다

새 길에 찍어 놓은 내 선명한 발자국들

내 신발이 새 것인지 아닌지
내 발이 큰지 작은지 사람들이 다 알 것이다
그래서 두렵고, 조심스러운 것이다

시 쓰듯 진즉 이렇게 살 걸
조근조근 뽕잎이나 먹으며 살 걸

꽃길이든, 가시밭길이든
시 때문에 슬픈 여자와 함께 슬퍼하며
시 때문에 기쁜 여자와 함께 즐거워하며
그냥 이렇게 살고 싶다

때로는 그 여자가 내 발자국을 꼭꼭 찍어 따라오고
때로는 내가 그 여자의 발자국을 꼭꼭 찍어 따라가며
그렇게 걸어가고 싶다

범벅이 되어 그것이 내 발자국인지
그 여자의 발자국인지 모를 때
나는 행복할 것이다
우리들 삶이 아름다운 시가 될 것이다

당분간, 웃을 일 없이도
까만 웃음이 터져 나올 것 같다.

‖ **차례** ‖

제2부 강물에 슬픔을 씻는 사람들

제3부 사랑해서 미안합니다

제4부 향기 나는 사람들

제1부

필요한 만큼의 슬픔

아내의 초상 | 43×70 최영호 |

섬과 섬 사이

울어본 사람은 안다
가을 풀벌레들이
아파서만 우는 게 아니라는 걸

이별의 향음은
연잎 위에 달빛을 깔고 앉아
밤새도록 게워내는
청개구리의 붉은 울음소리

그리움의 여운은
세상 구석구석을 연모로 떠돌다 지쳐
홀로 외진 호수에 내려앉은
물방오리의 적요

울어본 사람은 안다
우리들 여기 바람 속에 머무는 동안
늘 서로에게 마음 기울어 있다는 걸

섬과 섬 사이가
얼마나 먼 거리인가를.

산 — 산에 들어와 살며

당신의 긴 그림자를 끌어다 덮고
쓰고 퍼런 여독을 풀고 싶습니다

깜빡 스치고 말 풀꽃 같은 생애에
탐욕과 명성은 선부른 풍악입니다

허울과 긴 입맞춤을 끝내고
하늘로 솟고 만 리로 뻗은 산맥 같이
대간을 타고 오르는 바람 같이
자유로운 사람이고 싶습니다

멀고 거친 여정을 끝내고
여기 든든하고 너른 당신의 품에서
흙으로 태어난 의미를 찾고 싶습니다

암벽에 뿌리내린 소나무처럼
푸르고 청정한 사람이고 싶습니다.

〈심상 2017년 9월호〉

내 등에 당신을 업고

오늘이 내 마지막이라면
내 죽음보다 당신이 걱정입니다

함박꽃 같은 미소에
봄 햇살보다 따뜻한 당신

꽃무더기에 앉혀놓고
늘 행복하게 해주고 싶었는데
바랭이 밭의 들끓는 삶이
당신을 편안히 품지 못했습니다

혼자 씨앗 꾹꾹 눌러 심어가며
들숨 날숨 힘겨운 삶에도
티 없이 원망 없이
들꽃 향기로 마음 달래는 당신

남은 날은 내 등에 당신을 업고
꽃길로만 걷고 싶습니다.

당신을 사랑할 때 내 마음은

당신을 사랑할 때 내 마음은
오동나무에 걸린 보름달을 바라볼 때의
마음과 같습니다.

달빛이 어둠을 소리 없이 쓸어내듯이
당신의 눈빛 하나로
내 기억속의 무성한 구름이 걷히고
밝은 마음이 됩니다.

당신을 사랑할 때 내 마음은
갈참나무숲 위에 뜬 별을 바라볼 때의
마음과 같습니다

어둠 속에서 반짝반짝 별빛이 밝듯이
당신의 눈빛 하나로
내 속의 거친 시름이 모두 사라지고
푸른 마음이 됩니다

당신을 사랑할 때 내 마음은
무지개를 좇아 훨훨 달리던 때의
마음과 같습니다

하늘 가교에 오색의 꿈이 걸리듯
당신의 눈빛 하나로
내 마음 속의 절망의 그늘이 걷히고
희망이 떠오릅니다

당신을 사랑할 때 내 마음은
어릴 적 여행을 떠나기 전 날 밤의
설레던 마음과 같습니다

별 준비 없이 떠나도 두근두근
당신의 눈빛 하나로
마음속이 온통 사랑으로만 충만하여
행복한 여행이 될 것 같습니다.

넌 너대로

부담 갖지 마라
잘 익지 않아도 된다
넌 너대로 익으면 된다

닮으려고 애쓰지도 마라
기도가 뜨거웠으면 빨갛게
덜 뜨거웠으면 노랗게
네 분수만큼 물들면 된다

가을은 함께 익어 넉넉하고
서로 어우러져 아름다운 것

꽃과 바람과 하늘빛이
크고 작은 색다른 나무들이
한여름 뜨겁던 심통을 버리고
함께 창천을 곱게 달구듯

시샘과 원망 없이
너도 타고난 네 품성대로
세상에 어우러지면 된다.

봄

깨꽃 같은 얼굴로
그 사람이 나를 깨웁니다
바람의 발톱이 날카롭지만
가지에 움이 돋으면 곧 유순해질 겁니다

징검다리를 껴안고 돌던
시냇물소리가 점점 커지더니
돌무덤 사이에 장다리꽃이 목을 내밉니다

춥고 힘들었지만
칼날 같은 겨울의 아픔도
곧 꽃잎 속에 묻히고 말 겁니다

기다리지 않아도
참고 견디면 절로 봄은 오는 법

이미 겨울을 지난 당신에게도
곧 풋내 나는 봄의 웃음소리가
활짝 배달될 겁니다.

달빛 샤워

풀벌레소리 망초꽃에 하얗게 쌓이는 밤

달빛이 솨-아 깨알처럼 쏟아집니다
어두운 것들의 민낯이 샅샅이 드러납니다
순결한 목숨들이 좋아 울듯이 웃습니다.

웃음과 눈물로 지은 달이
슬픈 것들을 소리 없이 내려다보고
바람에 구겨진 얼굴들은 올려다보며
눈빛 교감으로 포말욕泡沫慾을 털어냅니다

꽃주름 하나 역력히 보이도록
솨-아 가슴 환하게 쏟아지는 달빛

누추한 생애가 속속들이 씻어지는 동안
사변思辨의 허구한 진상眞像들이
조용히 마른 풀잎 뒤로 숨거나
우우우 겨울바람처럼 숲을 빠져 나갑니다

한시도 눈 감을 수 없는 정경에
밤새도록 구석구석 허물을 씻습니다.

〈문학사랑 2017년 겨울호〉

살구꽃

앞 강물 뒷 강물 풀린 후
뜨락에 활짝 핀 살구꽃
하롱하롱 까마귀 울음에 지다

홀로, 먼 산 바라보며
가야지, 이제 돌아가야지
봄마다 그리는 고향은 멀다

어느 슬픔이 피어났기에
저리도 곱고 눈물겨운가
꽃잎 두 손으로 받으며
눈시울 적시던 누님 그립다

아, 일렁이는 이 가슴
누가 꽃잎처럼 날려다오
고향집 앞마당 꽃 무덤까지

앞 강물 뒷 강물 풀린 후
뜨락에 활짝 핀 살구꽃
하롱하롱 이별조차 곱다.

어떡합니까?

처음엔 그대가 내 별의 길 바래다가
나중엔 내가 그대의 별이 되길 빌었습니다

그때는 당신의 목소리가
내 귀에 풍금소리처럼 들렸는데
이제는 내 목소리가
그대의 큰 위로가 되기를 기도합니다

예전엔, 너무 행복해서 겁났는데
지금은 그대가 내 눈앞에서
갑자기 사라질까 덜컥 겁이 납니다

나무가 뿌리로 바위를 붙들고 지탱하듯
평생 당신이 붙들고 살
큰 바윗덩이가 되어주고 싶었는데
어떡합니까?
내가 먼저, 붙들고 살 돌덩이가
필요한 사람이 되었으니…

정말 미안합니다
끝까지 당신이 기댈 큰 바위가 못돼서.

갈채

언젠가 헤어질 때
창백한 얼굴로 할 듯 말 듯
하던 말이 무슨 말인지
그 때 넌 알고 있었지?

허벅지 허연 살점 쥐어뜯어가며
널 잊으려고 애먹었던 것 넌 모르지?

인력으로 안 되는 일
무슨 복이 터져 너와 살고 있으니
함께 있는 것만으로도 난 감사해

너는 알고 있니?
네 이쁜 손톱 발톱 깎아줄 때
내가 얼마나 행복한지

난 욕심 부리지 않아
더 이상 바라는 것 없어
네가 내 인생의 갈채이니까.

필요한 만큼의 슬픔

한 생명은 꽃일까요? 눈물일까요?
한 겨울길이 이렇게 거칠고
한 토막 해작질이 이렇게 격한 줄 몰랐습니다.

강바람에 갈대는 우는 걸까요? 노래하는 걸까요?
불을 지펴도 차가워지는 피가 파랗고
거꾸로 달려도 희어져가는 머리가
폐목선에 실린 낡은 어망처럼 흔들립니다.

기쁨이 슬픔과 함께 모여 살고
은혜와 진노가 섞여 솟구치고
아침이면 허물이 가슴속에서 깨어나고
저녁이면 깎아지른 벼랑 끝에서
기운 해가 황망히 놀에 머리를 감습니다.

아침에 「카트만두」*의 비보를 보고 들었습니다
가슴에 손을 얹고 내가 저지른 원망과
지금 느끼는 어리석은 슬픔이
얼마나 사치스런 일인가를 깨달았습니다.

잠들기 전에 「푸시킨」*의 시를 읽었습니다
단언컨대 슬픔이 없는 사람은 없습니다
의미도 없이 날뛰며 기뻐하는 것보다
필요한 만큼의 슬픔을 지니고 사는 사람이
진정 행복하다는 걸 깨달았습니다.

스쳐 지나가버리고나면
사랑 때문에 슬퍼할 수도 없는 것을.

〈심상 2015년 9월호〉

* 2015. 4. 25. 지진으로 네팔 카투만두에서 7천명이 사망함

십일월의 눈물

빗겨가던 종소리가 귀에 걸리더니
쇠오리 울음에 꽃잎이 진다

물 한 방울도 탈탈 털어내던
은빛 자작나무 이파리들이
한 여름 땡볕을 지나 간신히 단풍이다

누군가 불러도 돌아볼 수 없는 저녁
마음 둘 곳 없는 바람이 가랑잎을 몰고 간다
가만히 길동무의 거친 손을 잡으면
추워도 따듯한 눈물이 난다

까마득 소실점 끝에서
철새들이 서둘러 강을 건너고 있다.

빗소리

꽃밭에 지저귀는 빗소리
쥐똥나무가 끄덕끄덕 알아듣나봅니다
점점 굵어지는 빗소리에
울타리의 장미들이 한바탕 난투극입니다

그날도 비 오는 날이었지요
붉은 줄긋고 아버지 화르르 떠나셨을 때
돌구시 여물 먹던 암소가 털석 주저앉아
워-워- 잿빛 울음 날렸지요
꺼억-꺼억 헛구역질 하며 누님도 울었지요
여든 여덟에 편히 가셨으면 됐다
어머니 고개 돌려 글썽글썽 하셨죠
나는 아픔이 목울대까지 차올라
소리 내어 울지도 못하고
눈구멍으로 눈물만 콸콸 쏟아냈지요

목화꽃 닮은 웃음 접고 떠날 때
아버지 눈물 같은 빗소리
검은 백발에도 퍼렇게 날이 서
어젠 듯 와락 가슴에 와 젖습니다.

보문산* 신록

푸른 옷 입은 나무들이
바람 너울에 은빛 햇살을 뿌리며
풀 향기 속 하늘을 우러른다

구구 산비둘기 소리에
해종일 멍울이 수흘수흘 녹아내리고
무수한 불면의 도리질도
채색의 구름으로 염염히 물든다

우물물 같은 울렁임으로
되 뇌이듯 다가서는 향일의 성터
머물지 않는 활기찬 걸음들이
겨루듯 초록 바다 속에 첨벙인다

시린 가슴 밀어 올리듯
겨우내 얼었던 빗장을 열고
신록의 망울이 능선을 뒤덮는다.

* 대전광역시 중구를 끌어안고 있는 산

동행

당신이 이렇게 좋은 이유는
당신으로 늘 가슴이 젖는 까닭은
당신이 내 뜨거운 눈물인 것은

당신으로 많이 아파져도
당신으로 슬퍼져도 좋은 까닭입니다

당신으로 가득할 수 있다면
당신과 영원히 함께할 수 있다면
꽃밭에서의 좋은 시간도
흙더미 속에서의 힘겨운 순간도
매시 매초 내게는 낙원입니다

지난 날 돌아보면 그저 꿈결 같고
하룻밤 같은 생존이면 된 겁니다
그러면 아주 잘 산 겁니다

우리들 사랑의 혈액형은 0형,
행복은 고락을 함께 하는 동행입니다.

어머니를 도라지밭에 묻고

어머니를 도라지밭에 묻고
일어서는 가슴이 미어집니다
인동초꽃 곱게 핀 무덤에 서서 바라보니
어머니가 그리던 친정, 엽동이 훤히 보입니다
이제는 사랑하지 못하는 아픔도 끝이 나고
어둠보다 더 깊은 그리움만 남았습니다

높이 뜬 종다리소리 들으며
열무꽃, 깨꽃, 감자꽃이 피던 이 동산
땡볕에 밭을 매며 자식들 때문에
수 백 번 무너졌을 어머니의 가슴을 생각하니
짜르르 속살까지 아려옵니다

점점 졸아든 강물로 물새들도 떠나고
자식들마저 떠나버린 고적한 이곳에
누가 와서 무덤을 가꾸고 돌볼지
마음이 갈꽃처럼 흔들립니다
한 소절 한 소절 짚어가며 내 시집을 읽던
어머니의 음성이 한 줄기 노래처럼 쟁쟁합니다
풀섶에 젖던 길 밭머리 저만치로
호미 든 어머니가 걸어가는 듯합니다

씨 뿌리고 땀 흘려 곡식 가꾸던 일을
자식 키우는 일로 알았던 어머니와의 만남이
이제 하늘과 땅의 간극으로 멀어졌지만
먼 훗날 꼭 다시 만날 수 있다는 소망으로
평생 그리움과 맞서 살겠습니다.

구름 위에서 꿈꾸며

화창한 날씨에 소나기 지나가듯
가끔 슬픔이 끼어들어
밝은 마음을 빼앗아 가버려.
멀쩡한 하늘에 먹구름이 스쳐가듯
이따금 어둠이 기어들어와
황토방 같은 마음에 재를 뿌려.

바랭이 밭에 풀꽃 같은 목숨.
용케 고통의 날을 잘 견뎌왔는데
갑자기 물에 비친 뜬구름 같이 느껴져.
늦가을 산 노루 같이 쓸쓸해져.

사는 게 꼭 적금 같이 느껴져.
들었다가 힘들어 불입금 밀려 맘고생하고
너무 힘들어서 적금 깼다 후회하고
다시 또 적금 붓듯 포기 않고 살아온 것.
아무리 생각해도 잘 했다고 봐.
너 하나 꼭 지키기 위해 살아온 것
정말 다행이라는 생각이 들어.

강물 같이 흘러온 인생.
날 미워한 사람 미워하지 않고

날 울리던 사람 원수로 생각하지 않고
저 흙 속에서 바람 속에서 일할 때
콩 심은 데 콩 나고, 팥 심은 데 팥싹이 돋아
열매 거두는 것으로 족하며
굽이굽이 큰 욕심 없이 흘러온 것.
참 잘 했다는 생각이 들어.

지나온 날이 꼭 꿈결 같아
시골에 흙집 짓고 쥐똥나무 울타리 둘러치고
아들 낳고 딸 낳고 지지고 볶아가며
텃밭에 해바라기처럼 살아온 게 그래.
그때 힘들어서 아파했던 시절도
행복해서 기뻐했던 순간도 다 그래.
구름 위에서 꿈꾸며 산 것 같아.

그래도 항상 감사한 마음이 들어.
모든 게 덕분이고 은혜고 축복이니까.
아직도 매일 아침 눈을 뜨면
박하꽃 같은 너를 바라볼 수 있으니까.

내가 더 밉습니다

단풍잎 같던 아내의 손이
닳아서 실핏줄이 다 보입니다.

밤에는 다리가 아려서
아이고 아이고 잠을 설칩니다.

화살촉 같은 세월이 달아나며
아내의 몸에 재를 뿌리고 갔습니다.

신음소리가 들릴 때마다
내 간이 한 점씩 떨어져 나갑니다.

세월이 정말 밉습니다.
아니, 내가 더 밉습니다.

일출日出

적소適所에 은총으로 떨어져
따개비만한 생애를 살다.

일식日蝕에 붉은 해가 먹히듯
꽃피고 향기로운 날
놀빛에 차마 울며가다.

달빛 일어 푸른 길
은자隱者의 걸음으로 떠돌다
새벽닭 울음소리에 깨다.

난고難苦의 물길 끝에
다시 어둠을 뚫고 떠오르다.

나의 면류관

구렁져 간 날들에
어찌 천둥 벼락이 없었으랴!

길게 휘어진 굴곡을 따라
굵고 깊게 박힌 전율의 금맥

풀끝에 청정히 앉아
작아도 사소하지 않은 근엄함으로
멀리 한 그루 눈빛으로 서리라

버릴 것 미리 다 버리고
태울 것 미련 없이 다 태우고

호젓이 꽃비 내리면
치열한 북벌의 겨울잠을 깨고
크고 둥근 관을 꾹 눌러 쓰리라

가식과 허울의 흔적을 지우고
치욕을 씻을 나의 면류관.

〈문학사랑 2016년 가을호(117호)〉

제2부

강물에 슬픔을 씻는 사람들

대성골 사람들 | 35×70 최영호 |

흰 눈이 내리고

길 하나 돌아가면 가시밭길
쓴 웃음 뒤엔 또 익숙한 자갈밭이다

짧은 만남 뒤엔 숨 막히는 이별
아파 비명 지를 틈도 없이
무념의 시간이 바람벽을 뚫고 간다

잦은 한숨에 애락이 졸아붙고
천둥소리 몇 번에 온 산이 흘러내리고
정월 초하루 제삿날엔 이미
할아버지들의 이름이 거명되지 않고
아버지 이름조차 희미하다

푸른 대지의 후끈한 열기도 찰나
하얗게 잠든 사이 지시랑물에 돌이 뚫리고
쇠골반에도 구멍이 숭숭하다
진종일 가지에 진눈깨비가 쌓인다

꽃잎인 양 머리에 흰 눈이 내리고
까무룩한 기억들이 가슴으로 훑어 내린다
언제나 관절은 느낌보다 정확하다.

〈문학저널 2017년 5월호〉

입동立冬

삭아 내린 빈 들녘의 허수아비
해진 가슴으로 찬바람이 쏜살같다

몰아간 광음光陰의 흔적은
긴 울음 속에 숨어 핀 쓴 웃음꽃
힘써 더 더욱 지치도록
치열하게 살지 못했음보다
울림과 무휼撫恤 없는 삶이 죄스럽다

맨발로 가는 북촌의 돌밭길은
달려가도 팔 십리
쉬어가도 팔 십리
몸보다 마음이 먼저 가는 귀로에
간간이 난초 잎들이 푸르다

능금꽃 흐드러진 과수원 길로
갑사댕기에 염낭끈 잘랑 뒤흔들며
홀연히 등 돌리고 떠난 넌 별이 되고
난 피가 밴 수수깡이 되었다

나목들이 설핏 반추하는 길목
억새 울음이 귀를 감고 돈다.

〈문학사랑2017년 겨울호〉

당신과 눈 맞추며

당신이 분홍빛 느낌으로 내게 왔을 때
내 꿈은 감동으로 이루어졌습니다

온 겨울을 어둠으로 떠돌다
나이테만큼 깊어진 외로움을 털고
부르고 부를 영원한 노래를 얻었습니다

눈물 마를 날 없는 세상에서
냉이꽃은 이만치서 어울려 피고
쇠별꽃은 쇠별꽃대로 저만치 피는 것처럼
나는 여기 당신과 어울려 피겠습니다

모락모락 피어오르는 찻잔을 움켜쥐고
은은한 눈빛으로 당신과 눈 맞추며
우리의 사랑을 노래하겠습니다

밀봉된 세상 한 컷 한 컷 열어가며
소리꾼의 한 대목 절창을 이루겠습니다.

사랑나무

사랑은 마음속에 나무 한 그루를
심는 것으로부터 시작되었다

시원始原이 불명한 나무는
연유 없이 혼자 연중 흔들리며
꽃 피고 눈이 내리는 언덕에서
기욤 「아폴리네르」의 무구한 사랑처럼
그리움을 껴안고 자랐다

뒤란을 살펴볼 겨를도 없이
찬 서리에 가슴이 까치밥처럼 익어가고
삶의 행간은 「로랑생」의 몽환화처럼 쌓이고
불혹에도 투명한 영혼은
운명 교향곡처럼 내리는 봄비에 젖고
설일雪日엔 퍼붓는 흰 눈에 묻히며
토벽에 덧칠한 얼룩의 회벽 뒤로
점점 흐릿한 얼굴로 숨겨졌다

당신 없이 살 수 없던 간절함으로
그대를 얻어 애락을 함께하며
적토마처럼 내달리는 삶의 행렬 속에서

우리는 질풍에 향방이 꼬일 때마다
격한 이명耳鳴에 시달렸다

눈알과 손끝이 상하는 줄도 모르고
꿈 밭에서 생각을 일궈내고
아랫도리가 찢기고 파이는 줄도 모른 체
울창한 밀림을 초병처럼 헤매다가
어느 날, 양털구름이 흘러가는 언덕에서
찬연한 꽃을 바라보는 사랑나무

종탑 위로 뜬 일곱 별 사이로
흰 가슴 떨며 날아오는 큰고니를 보며
그대는 모나리자의 미소를 날리고
나는 슬프도록 아름다운 지척의 그대를 보며
늦도록 풀벌레 우는 밤을 노래했다

푸른 봄날은 마약처럼 피었었고
사랑의 덫에 걸린 시인은 바람의 언덕에서
평생 나무 한 그루만을 길렀다.

〈문학사랑 2017년 가을호〉

언젠가는 돌아가리

보름달 환하게 뜬 밤
뚜껑 없는 울 안 돌우물에
배꽃이 하염없이 떨어지고 있으리

구명산 기슭 늙은 소나무 위에
백로 몇 마리 둥지 틀고
도란도란 새끼들 키우고 있으리

아담한 초가집 한 채
지붕에 둥근 박 주렁주렁 올려놓고
나를 기다리고 있으리

헛간 대나무 통가리 속의 장닭
새벽마다 홰치며 날 부르고 있으리

망아지처럼 이곳저곳 떠돌지만
언젠가는 다시 돌아가
아들 딸 편지나 기다리며 살으리
손주들 전화나 고대하며 살으리.

오장육부

너를 생각하는 일은
해가 뜨고 지는 것만큼이나
내게 불가피한 일이다

아무렇지도 않은 듯
눈물 걷고 살아도
마음 기울어 가득한 일이다

바닥난 기운을 모아
시를 쓰는 일도
그림을 그려 보는 일도
다 너를 기억하는 일이다

내가 꿈꾸는 것은
온 힘으로 겨울을 견디다가
돌아오는 봄 어디쯤에서
너를 만나는 일이다

만나서 내 오장육부를
보여주는 일이다.

늙은 소

늙은 소의 짓무른 눈에는
슬픈 기억들이 숨바꼭질 합니다
분꽃이 피던 자리에 서서
눈을 감았다 떴다 할 때마다
오지를 탐방하고 돌아온 행자의 사진이
한 컷 한 컷 액정화면처럼 나타납니다.

민머리 지빠귀가 가지에서 울고
성근 낙엽이 후두둑 떨어지고
떠돌이 여우로 휘청거리며
먹이를 찾다가 돌아온 빈 집엔
무게를 잴 수 없는 침묵이 쌓였습니다
여문 아픔이 석류알처럼 터지며
지는 밤 현기증이 쇄도합니다.

무더기로 엉키고 오그라진 기억이
망막에서 실핏줄로 마구 번져 갑니다
애써 포착해낸 얼굴의 이름을 모르겠습니다
목구멍까지 올라온 이름인데 모르겠습니다.

눈발이 점점 굵어가는 겨울
낡은 음영에 덜미 잡힌 늙은 소가
오늘도 붉어 터진 개복숭아 같은 눈으로
저녁놀을 응시하고 있습니다

별똥별이 떨어지는 측백나무 위로
길게 한숨을 토해놓은 것 같습니다.

그리운 얼굴과 이름을 떠올리며
길 위에 혼자 힘없이 서 있습니다.

내 그대를 사랑하는 일이

내 그대를 사랑하는 일이
이렇게 바람 부는 일인 줄 몰랐습니다
마음잎이 쉬지 않고 팔랑이며 갈바람에
흔들리는 일인 줄 몰랐습니다

내 그대를 사랑하는 일이
이렇게 가득한 일인 줄 몰랐습니다
마음 어느 한 구석 빈틈없이
비워 놓을 수 없는 일인 줄 몰랐습니다

내 그대를 사랑하는 일이
이렇게 멀고 먼 길인 줄 몰랐습니다
진액이 다하도록 달리고 또 달려도
도달할 수 없는 길인 줄 몰랐습니다

내 그대를 사랑하는 일이
이렇게 온 생애가 물드는 일인 줄
풀머리 밀알이 될 때에야 알았습니다.

첫사랑

세월이 약이라는
거짓말 절대 믿지 마

잊으려고 애쓰지도 마
온통 헛수고니까

차라리 생각나게 놔둬
아려도 아련하게

나이 들어 하나쯤
꺼내 볼 게 있어야지

꽃이 시들어도
향은 남겨둬야지.

이천년 전의 편지*

너는 내 꽃이었지
아니, 내 기쁨이었지
에덴에서 너 때문에 좋았지

너는 내 꿈이었지
아니, 온통 내 우주였지
그래서 천국에서 널 찾아 왔지

너는 내 별이었지
아니, 내 목숨이었지
그래서 내가 네 대신 죽었지

천국을 버리고 와 찾은 너
내 목숨을 주고 얻었지

그래서 네가 귀하지
그 무엇과도 바꿀 수 없지
너 때문에 목 메이지.

* 이천년 전의 예수님의 편지

고추잠자리 ─ 보길도에서

바지랑대 끝에 앉아
갸우뚱하던 고향집 고추잠자리
만장晩裝 후, 땅 끝에서 만나다.

흙내도 푸른 기름진 땅에서
꽃잎 세월 다 떨궈내고
아직도 무엇이 그토록 의문일까

미궁의 성을 뛰어 넘어와
세연정 툇마루에 앉아
두 눈을 깜빡거리고 있다

불현 듯, 백년이 지났을까?
사방 둘러 꽁지까지 붉은 빛이다

뇌옥牢獄의 눈물이 주르륵
세한도 고옥 마루에 젖는다.

판타레이Panta Rhei*

고정율은 없다. 싱싱한 것들이
마구 흔들리든, 꿈쩍을 않든
얽혀있는 공간의 속도로 서서히 변한다

밖에 있는 것들이 안으로 뒤섞이며
각관覺觀의 온도가 떨어지고
원주율 따라 그림자가 다각으로 변하며
혼이 종짓물처럼 증발된다

이인칭과 삼인칭 사이에 뒤엉켜
격하게 씻기는 생쌀 같은 일인칭들
잎잎이 뜨거운 슬픔을 담은 채
쉬지 않고 내달리는 섬광의 속도로
곧장 서쪽으로 떨어지고 있다

맨몸으로 반짝 스치어갈 뿐
물러설 수도 다시 시작할 수도 없다
떨어진 후엔 머문 적도 없다.

* 헤라클레이토스: 만물은 유전流轉한다.

강물에 슬픔을 씻는 사람들

우리가 흘러온 강기슭에서
몰래 눈물을 씻는 사람들이 있습니다
씨 뿌릴 땅도, 돌아갈 고향도 없이
파리한 얼굴로 몸서리치며
험한 산을 넘고 거친 광야를 건너와
아무도 보지 않는 기슭에서
소리 없이 눈물을 씻는 사람들이 있습니다

누구도 품어 기억해주지 않는
이 땅의 이름 없는 풀잎으로 태어나
수많은 속사연을 가슴에 안고
으슬으슬 진눈깨비를 맞으며 떠돌다
어둑한 저녁, 나루터에 남루한 짐을 내려놓고
강물에 얼굴을 씻는 사람들이 있습니다

저녁별 하나 서둘러 나와
조용히 지켜보는 서늘한 강가에서
무너진 가슴 혼자 달래고 달래가며
상처를 씻는 사람들이 있습니다
풀벌레보다 더 작은 목소리로
기약할 수 없는 내일을 아파하며
강물에 슬픔을 씻는 사람들이 있습니다.

싸락눈 내리는 날

싸락눈이 하얗게 내리는 날
참새처럼 맨발로 그날을 걷는다

그날 네가 나를 보며 모나리자처럼 웃었지
꽁꽁 틀어막은 귀로 네 미소가 달빛처럼 들렸지
오늘까지만 사랑이라고 쇠기러기가 말해주고 가던 순간
눈이 펑펑 내리지 않기를 잘했지
안 그랬으면 일식日蝕으로 해가 죽었을 거야

그때 불치병에 걸렸던 거야. 그랬던 거야

하늘은 모르쇠로 아랑곳없이 환하고
쌓인 눈 밟으며 눈물도 없이 돌아오던 골목길로
내 영혼은 초저녁의 와사등처럼 희미했지
슬픔이 붉은 혓바닥을 내밀며 비웃는 듯 했지

부르릉 휘-익 모터사이클처럼 날아간 시간이지만
그 때가 있었기에 이렇게 채운彩雲이 행복한 거야
오늘까지만 이라던 말이 오늘까지 오늘까지인 거야
꽃이 태양을 등졌어도 한 번은 봐야지

싸락눈이 하얗게 내리는 길
참새처럼 맨발로 그날을 걷는다.

고내미 친구의 전화

가만히 있어도 마음이
미루나무처럼 흔들리더니
이젠 매일 밤 차마고도 가느라
밤새 잠을 설친다네.

풀꽃이었다가 구름 되더니
이젠 불현듯 바람이라네.
길 없는 길 끝없이 달린다네.

몸 없는 짐승에게 머리 뽑히고
껴입어도 오장까지 시리다더니
요즘엔 때도 없이 쓸쓸하다네.
몸 하나에 마음이 열 이고
꿈속에서 또 꿈을 꾼다네.

뜨는 해 지는 달 다 보고
꽃 피고 꽃 지는 것 다 보았는데
아직도 뭔가 허전하다네.
양장길에 휘청이는 나그네라네.

애써 걸어도 달팽이 걸음
풍악은 가슴에 묻은 지 오래여도
자네 얼굴은 안 잊어야 할 텐데
하루가 다르게 기억이
가물가물해져가니 큰 걱정이라네.

가슴에 새긴 사람들 잊혀지는 것
죽는 일 보다 그게 더 무섭다네.

바람의 질주

손님 오는지 달빛이 지천입니다
마른 가슴 활짝 만월이더니
금세 눈자위에 눈물입니다.

해가 지는 쪽으로
검은 파도가 바다를 질러가고
누가 저들을 소리쳐 부르는 건지
밤에도 어린 양떼들이 하나 둘
어디론가 붙들려 나갑니다.

꽃들의 해맑은 웃음과
불꽃 튀던 용맹한 병사의 기상이
거대한 수레 바큇살에 끼어
날조된 웃음을 삼키는 저녁.

바람이 「서편제」*로 울며가는
마른 강 봉두난발의 억새밭 길로
등이 희고 검은 짐승이
사는 이들이 얼마나 외로운 건지
떠나는 이들이 무엇을 아파했는지
아랑곳없이 달아납니다.

어디서 왔다 바쁘게 가는 건지
우수수 씨앗이 떨어져 꽃 핀 자리
답이 없는 바람의 질주입니다.

* 판소리의 한 유파로 섬진강 서쪽에서 성하던 음색이 곱고 애절한 노래

〈문학사랑 2016년 여름호(116호)〉

낮달 같은 당신

도무지 서두를 일 없지요
없는 듯 있다가 미소로 돋는
푸른 댓잎 위의 혜안慧眼이지요.

누군지 다 알 수 있지요
향긋한 나뭇잎 사이를 소소히 흘러
비운 듯 머물다 덩그러니 솟는
천손의 젖살 같은 빛이지요.

혼자서 절로 뜨고 지지요
검은 구름 사이를 소리 없이 밀물져
초연한 듯 있다가 고공으로 뜨는
나바위 수녀의 구김살 없는 평온이지요.

화관을 벗고 어둘수록 환하지요
경악 없이 둥둥 비워져 밝지요
구름에 울음 없이 얼굴을 묻지요.

〈문학저널 2017년 5월호〉

우물쭈물

살아가는 동안에
이런 일이 없어야 될 텐데
하던 일이 일어나고

이러면 안 되는데
안 되는데 되뇌다가
그렇고 그런 사람이 되고

해야 되는데 해야 되는데
미루고 망설이다가
뜻을 놓치고 세월도 놓치고

터 잡고 마음잡고
단단히 살아야 되는데
평생 헛바람 들어 떠돌다
혼자 뜬구름 신세 되어
버나드.쇼의 묘비명을 쓴다.

"우물쭈물 하다가
내 이럴 줄 알았다."

자갈밭

어느 사제 간의 대화
"책을 덮고 오늘은 밭에 가서 공부하고 오너라."
"자갈밭에서 돌 골라내는 일이 무슨 공부가 됩니까?"
"사람의 마음이 자갈밭이고 자갈밭이 공부방이니라."

어둑어둑 땅거미 질 때
"온종일 돌을 골라내고 왔습니다."
"돌을 골라내며 무엇을 깨달았느냐?"
"크고 작은 돌 골라내는 일이 끝없는 일임을 알았습니다."
"다 골라낼 필요 없다. 돌도 필요할 때가 있느니라."

추수가 끝난 어느 가을날
"자갈밭에 함께 가보자."
"봄에 돌을 골라냈는데 뭐 하러 또 갑니까?"
"네 입으로 돌 골라내는 일이 끝없는 일이라고 하지 않았느냐?"

밭에 가 보니 여름 장마에 떠내려 온 돌들이 가득했다.
"이렇게 돌이 자꾸 굴러와 쌓이니 고르고 또 골라내야 하느니라."
"돌은 어디서 생기는 것입니까?"
"땅에서 생기고 하늘에서 떨어지고 마음에서도 솟느니라."

"스승님이 가시면 누가 나를 깨우칩니까?"
"돌이 네 선생이고 바위가 네 스승이니라."
"말 못하는 돌이 날 어떻게 깨우칩니까?"
"도는 무언無言으로 전하고 스스로 깨치는 것이니라."

아버지의 기일

한 때의 퍼런 불덩어리가
시월이면 한 고비 각혈이 된다.

후덥한 방에 불면이 와 내리면
풍악이 섞인 초침소리가 서성이고
주렴 밖에 귀 익은 발자국 소리 들린다.

일월은 어둠속으로만 깊어가고
털옷이 풀리듯 애진 여음이 귀에 맴돌면
무념의 수수밭 사이로 아물아물
까마중 머리가 손수레를 타고 지나간다.

뉘엿뉘엿 뜨끈한 정이 그립고
푸석한 기억이 전신마비로 누운 밤.

삐걱이는 어깨에 나를 들쳐 업고
격한 물살을 가르며 강을 건넌 아버지
소리 한 잎 없이 멀어져 갔다.

꽃잎과 바람이 머물다 간 자리엔
한 송이 어지러운 기억뿐
이생의 흔적이라곤 찾아볼 수 없다.

〈심상 2017년 9월호〉

은퇴

갑자기 어느 멀고 낯선 변방으로 밀려나
닭보다 먼저 깨어 새벽 울음소리를 듣습니다
여명이 밝아지기도 전에 머리가 맑습니다
단잠들이 자꾸 어디론가 서둘러 달아나고
온몸으로 맞는 의문의 파도가 끊임없이 밀려와
마음의 평온을 앗아갑니다.

무엇이 아픈 건지, 슬픈 건지, 허전한 건지
무풍에도 마음이 은사시나뭇잎처럼 흔들립니다
거친 말馬을 타고 온 순례길이 아득하여
이것저것 자문자답이 우후죽순이지만
선문후답이 명백하지 않습니다. 그저 곁에서
묻지 않고 웃어주는 아내의 끄덕임이 답입니다
은인은 끝에 가서야 알게 되는 것 같습니다.

이제 더 깊이 생각하고 자상하게 행동하며
무엇을 위해 아파하고 더 따뜻해야 되는지
까만 눈썹을 치켜들고 생각합니다
하나하나 숨겨진 어둠속의 모략을 적발해내며

새 세상 열어갈 광명한 진리를 찾습니다
가슴을 훑고 가는 바람의 고향은 어디입니까?

〈호서문학 2015년 여름호〉

너를 기다리는 동안

너를 기다릴 땐 늘 가슴이 설렌다
꽃 한 송이 들고 기다리는 동안
서 있는 주변이 단풍잎처럼 물든다.

너를 기다리는 동안 내 영혼은
초저녁별의 초롱한 눈빛처럼 반짝이며
노을처럼 소리 없이 행복에 젖는다.

너를 기다리고 있는 그 자리엔
찌르레기 대신 휘파람새가 와서 울고
천상의 풍조가 날아와 춤을 춘다.

너를 기다리는 동안 나는
어린 은사시나무처럼 마디마디 떨며
온몸이 송두리째 흔들린다.

제3부

사랑해서 미안합니다

빈집 | 31×42 최영호 |

씨앗

씨앗 한 톨이
험한 곳에 몸을 던져
싹을 내고 꽃을 피워내듯이
우리들 여기 이 땅에 뿌리를 내려
사랑스런 꽃을 피워야 하리

우리들 여기 이 땅의 강물이 되어
흐르고 또 흘러야 하리
앞 강물 뒷 강물 모두 맑아져
열목어 떼 지어 유영하고
초록 숲에 새들이 노래할 때까지

우리들 여기 이 땅에 묻혀
아름다운 꽃이 되고
푸른 강물이 되어야 하리
씨앗이 꽃이 되고
열매가 기쁨이 되어
평화의 강물이 넘칠 때까지.

〈2017년 창조문학 가을호〉

사랑해서 미안합니다

가난도 죄가 된다는 걸
사랑하기 전엔 왜 몰랐을까?

아무리 서로 필사적이라도
사랑만 먹고 살 수 없다는 걸
당신의 파랗게 멍든 손을 보며
아프게 깨닫습니다

밤하늘에 별도 달도
마음이 맑아야 보인다는 걸
이리 저리 동동거리다 온
당신의 마른 입술로 깨닫습니다

첫눈에 송두리째 마음 빼앗겨
막무가내로 얻은 꽃잎 인연

거친 세월에 벌레 먹어
몸도 마음도 다 아픈 당신을 보며
되돌아가도 어쩔 수 없는
그때 철부지가 가슴을 칩니다

당신을 사랑해서 미안합니다
당신 없이 살 수 없는
해바라기라서 죄송합니다.

〈창조문학 2017년 가을호〉

청잣빛 인생 ―고희古稀

산노루처럼 귓바퀴를 세워 듣고
두 눈 부릅뜨고 보던 것들을
부러 실눈을 만들어야 볼 수 있다

자명종을 꺼놔도 뇌리에 박힌 이명으로
네 시면 새벽닭처럼 신혼이 말짱하다

눈 귀 죄다 틀어막고 살아도
횡경막 사이로의 자극이 생생하고
쇠잔등에 눈발이 거친 날에도
심연에 만장굴 같은 고요가 있다

둥근 후두부에 미숙한 직립보행
골주름에 「호모 사피엔스」의 향이 난다
종종 날바람에 마른 박처럼 달그락거려도
후각의 섬모는 면도날처럼 예리하다

미라 속의 씨앗도 홀연히 싹을 틔우니
천둥 벼락에도 꿈쩍할 주제가 아니다
묘막한 세월이 청잣빛처럼 곱다.

대전역에서

푸르른 시간이 꿈처럼 실려가고
설풍이 무수히 훑고 지나간 플랫폼

고립의 시그널이 자적自適하는
두 가닥 평행의 아슴한 철로 위로
울음 없는 열차가 베틀의 북처럼 오간다

긴 어둠 끝에서 비양飛陽의 새벽이 달려오고
한날 인고의 뒤태로 금빛 노을이 걸리고

아롱아롱 어느 풍경 하나
견줄 수 없는 벅찬 만남과 애틋한 이별이
온종일 차창 밖에서 꽃처럼 피고 진다

모두가 일각一角의 한 궤도에 올라
머언 곳으로 떠나는 한 컷 열차다.

〈2017년 대전문학 겨울호〉

아메리카노

쓰디 쓴 커피를 물고 맛있다니
아! 나도 이제 늙었구나
어지간한 쓴 맛으로는
쓴 줄 모르는구나

훌쩍 혼자 어디로 사라져버릴까
네 심사만 편하다면 내 뭔들 못하랴
물마시듯 긴 세월 말아먹고
잎 떨군 버들가지처럼
목이 쉬도록 운다

언제부터 쓴 커피가 단 것일까?
너도 그렇다니 웃을 일이 아니구나
나 만나서 단 맛을 모르고
쓴 맛에만 길들여졌으니
무척 마음 아프구나
이제야 정신이 번쩍 드는구나

왜 몰랐을까? 내가 나를, 네가 나를
누가 알까? 내 마음 네 마음

미안하다. 이젠 날 믿지 말고
네 마음 가는 데로 해라
무죄한 넌, 날 떠나도 된다

솔직히 이 말은 내 진심이 아니다
사실 커피가 맛있다는 말도
참말이 아니라 검고 쓴 게
꼭 내 인생 닮아서다

커피가 맛있구나. 달구나.
아니, 사실은 입에 쓰디쓰구나!

열다섯 살 때

들꽃에 취해서
한나절 보내고

무지개 쫓다가
반나절이 가고

별자리 찾다가
자정을 넘기고

보이는 세상이
너무 아름다워

봉우리 구름처럼
둥둥 떠 살았다.

귀향길

산 하나 둥실 넘으면
조롱조롱 옹다문 금낭화

강 하나 스르렁 건너면
갸웃이 숨어 핀 물망초

오솔길 사분히 휘어 돌면
방실이 떠 있는 꽃구름

지그시 문 열고 들어서면
무명옷에 벙그신 어머니

흙방에 귀 대고 누우면
귓전에 접동새 울음소리.

손주 키우기 — 세연이

손주가 철들어가는 게 싫다
데리고 다니며 젖 먹이고
기저귀 갈아주던 때가 어젠데
제 손으로 밥도 잘 먹고
학교 교실도 잘 찾아가고
혼자 집에 돌아올 줄도 알아
이제 마음을 놓겠는데
어찌 품을 떠나는 거 같아 섭섭하다
내가 너에게 더 이상 필요 없는
사람 된 거 같아 허전하다
훌쩍 커서 좋은데 아쉽다
한 아름에 안아 줄 수 없고
거뜬히 업어줄 수 없어 섭섭하다
혼자서 옷도 거뜬히 입고
친구들과 어울려 놀이기구도 잘 타고
두발 자전거도 혼자 잘 타
기특하고 안심인데 서운하다
방과 후 마중 안 나가 편한 게 싫다
잘 자라서 참 고마운데
어찌 내 손 놓고 떠나는 거 같아
자꾸 눈물 나려고 한다.

빨간 사과처럼

어쩌다 우리의 한 잎 인연이
언젠가 이별로 귀결되는 만남으로
태어나는지 모릅니다

갈밭에 스쳐가는 바람처럼
돌멩이를 울리고 가는 개울물처럼
멈출 수 없는 노래로
매일 서로에게 달려가지만
우리의 목숨은 불모의 풀잎 입니다

이룰 것이 있기에 쓰러지고
피워내야 될 꽃이 있기에
마지막까지 울음인 운명일지라도
일어나지 않을 일처럼 살다가
봄을 맞는 일처럼 겨울을 견디다가
사과처럼 떨어지고 싶습니다

떠날 때 떠나더라도
빨갛게 익은 둥근 사과처럼
향기를 품은 열매이고 싶습니다.

파랑 대문 집

진눈깨비 내리는 밤, 찬바람이 골목 안으로
기어들어와 삐걱삐걱 문을 열었다 닫았다 장난을
치면 한 쪽 눈을 가진 젊은 여자가 나와
노끈이 달린 문을 꼬옥 묶고 들어간다
방에서 "누가 왔어?" 묻는 소리가 들리는데
답은 없고 희미하게 티브이 소리만 들린다
오 촉짜리 전깃불이 켜진 흐릿한 창문에
머리가 덥수룩한 그림자가 석상처럼 보이고
냄비 타는 냄새가 새어나와 골목 안을 채우고 있다
얼마 후 딸깍 문 따는 소리가 들리더니
"아니, 이게 뭔 냄새여? 아이구야! 이러다가 불 나겄네.
이 사람아. 눈구멍이 안 보이면
콧구멍이라도 써야할 거 아녀. 냄새 나면 나한테
전화해야 할 것 아녀" 동네 반장 말이다.
여자는 지적장애에 한 쪽 눈이 안 보이고
남자는 완전 시각장애에 두 다리를 못 쓴다
늘 반장과 복지사가 와서 시설로 들어가기를 권해도
꿈쩍도 안 한다. 여자는 손짓 발짓으로 안 간단다
어려워도 이 집에서 둘이 사는 게 더 좋단다
남자를 설득해도 역시다. "냅 둬유. 시설에 들어가는
것보다 우린 이렇게 사는 게 더 조응 게"

둘이 사랑한단다. 그냥 둘이 있는 게 행복하단다
반장도 복지사도 더 이상 할 말이 없다
힘들어도 수고가 아깝지 않다.

딸에게

세상에서 가장 귀한
꽃처럼 예쁘고
영혼이 맑은 내 딸이라니
널 생각만 해도
난 늘 감사한다.

아빠는
오늘, 네 곁에서
먼 훗날, 푸른 하늘 어디선가
널 미소로 떠올리며
항상 행복할 것이다.

네가
온통 내 기쁨인 것처럼
나도 네게 좋은 아버지이기를
꿈꾼단다.

내 딸로 태어나서
두루두루 고맙다
더 잘 해주지 못해서
늘 미안하다.

딸아
건강해야 된다.
꼭 행복해야 된다.
항상 널 위해 기도하마,
사랑한다.

시월의 인생 십계

마음밭에 꽃을 심어라
꽃밭에 핀 꽃은 한 철 가지만
가슴에 핀 꽃은 평생 간다
남의 가슴에 못 박지 마라
내 가슴에 대못 박힌다
당당하되 당돌하게 굴지 마라
당당한 건 자존감을 지키는 일이지만
당돌한 건 자신을 망치는 일이다
남을 함부로 허물하지 마라
솔직함이 어리석을 때가 더 많다
긍정의 나로 부정적인 나를 이겨라
나를 망치는 건 남이 아니라 나 자신이다
남의 칭찬이나 비난에 휘둘리지 마라
헛소리에 중심을 잃을 수 있다
재산 다 주고 자식 원망하지 마라
늙을수록 돈이 효자다
부질없는 욕심을 버려라
짐이 가벼워야 먼 길 갈 수 있고
마음이 가벼워야 장수할 수 있다
보답할 수 없는 이에게 베풀어라
낙원의 기쁨을 맛볼 것이다

성공에 집착하지 마라
건강하게 장수하는 게 성공이다.

웃음으로 슬픔을 지우며

웃음으로 슬픔을 지우면
간이역에 잠시 기차가 멈춘다.

녹슨 몸은 침묵처럼 눈물이 없지만
헤매고 온 땅 끝 절벽에서
아지랑이 같은 기억들이 더듬어진다.

손에 받아들었던 꽃씨 하나
철없는 발길에 제대로 가꾸지 못하고
허망한 그림자 길게 늘어뜨린 채
노을빛에 팔 벌린 허수아비

뜻이 곱다면 사랑도 아름다운 법
돌이킬 수 없는 날들을 떠올리며
너와의 기꺼운 조우遭遇를 꿈꾼다.

이렇게 살지요

바람에 풀잎 일 듯
우리 그저 살지요

구름 사이 별 보이듯
우리 언뜻 살지요

강물에 뜬 꽃잎처럼
우리 흘러가지요

대숲에 걸린 낮달처럼
우리 은은하지요

달구렁의 포란인 듯
우리 둥글 살지요.

마음 끝에 닿아있는 사람

몰래 훔쳐보고도 안 본 척
만날 때 반가워도 아닌 척.

가슴속에 만개한
장미꽃 한 송이 들키지 않으려고
혼자 부풀어 그리던 무지개
산들바람처럼 지나갔다.

미친 척 한 마디 던져나 볼 걸
눈이라도 한 번 맞춰나 볼 걸.

혼자 꽃 피고, 꽃 지던 언덕에 서면
이름만 떠올려도 눈물겨운 너.

언제, 어디서 무슨 일을 하든지
내 생각의 끝은
항상 너에게 닿아 있다.

추상

쓴 웃음이 시든 꽃다발 닮았다
우두커니 하늘에 뜬 초저녁 별
퇴색의 공간에 일광一光이 푸르다

가을걷이가 끝난 지 오랜 빈들에
낟알 몇 개처럼 남은 추일의 노병들이
불러만 줘도 번쩍 눈을 뜰 것 같다

기울어진 허리를 곧추세우고
볕이 따스한 남향으로 눈귀울이면
금이 간 손거울에 아말리아*의 얼굴이
수면 위의 물너울처럼 흔들린다

바람은 경주마로 번화가를 빠져나가고
꽃잎 몇 장 주워들고 서성이는 길목에
가을 한 자락 끝이 영롱하다

경적도 없이 황망히 내달려
멀어지는 망우선 열차의 꽁무니로
추상이 눈발처럼 흩날린다.

* 아픔의 시인 하이네가 사랑한 연인

소복한 귀신

여름 장마로 불어난 강물에
목공소집 외아들이 빠져죽었습니다

그 자리에, 해마다 아이가 죽은 날 밤
흰옷 입은 귀신이 나타나 울어
온 마을 사람들이 공포에 떨었습니다

어느 여름날 저녁, 해병대 나온 청년들이
강으로 몰려가 귀신을 잡고 보니
죽은 아이의 백발노모였습니다

홀로 된 가난한 어머니는
십년 째 삼대독자인 아들의 기일마다
소복을 하고 강가에 나가 곡하며
죽은 아들의 혼령을 달래고 있었습니다

그날부터 마을 청년들은
모두 그 어머니의 아들이 되어
제반의 가사를 분담하여 도왔습니다

귀곡성의 밤이 사라지고
슬픔도 해마다 반으로 줄어갔습니다.

꽃으로 보답하고 싶다

어디쯤 지나가고 있을까?
양장羊腸 길 간극을 돌아보니
눈물 끝이 해넘이다

매양 허물만 내보이는
병든 짐승 하나 들쳐 업고
갈골히 휘청거리며 가는 눈총은
무엇을 겨냥하고 있는가?
기쁨 슬픔 다 끝이 나면
꿈인 듯 이별의 날도 올 텐데…

민들레 씨앗처럼 날아가
천지간에 날 어디에다 묻을까?
씨 하나 다시 잘 심어
은혜의 꽃으로 보답하고 싶다

조랑조랑 방울꽃 피워내어
고운 꽃으로 보답하고 싶다.

동박새

늦가을
외진 산기슭
애진 바람 소리에
물든 마음이
쓰라려

붉은 잎 지면
꽃잎 잃은 동박새
옛 일
알알이 떠올리며
절로 목이 메어

이른 봄
가지 끝에서
소리 없이 움 돋아
깨어나는 네 생각에
더욱 눈물겨워

해질녘
머언 들에
푸른 별이 떠오르면

네 생각이 붉어
웃음 울어.

자나 깨나

자나 깨나
나는 네 생각만 캔다

텃밭에서 고구마 캐듯
마음의 고랑을 더듬으며

붉은 고구마 알 같은
네 생각을 캐낸다

자다가도 가만히 일어나
지그시 얼굴 내려다보며

캐다 만 고구마 캐듯
놓친 네 표정들을 다시 줍고

마음에 근심이 없는지
몸에 아픔이 없는지
네 생각만 캔다.

한 겨울

한 겨울엔
풀과 나무들이 잠을 자고
가난한 영혼만 깨어있습니다
동장군의 기세에 눌려
개울도 모습을 바꾸지만
골목골목 칼바람이 난동을 부리면
쌀독이 비어가는 사람들은
오들오들 떨며 목구멍 걱정입니다
발목 걷어 올리고 차가운 강물 건너며
오일장을 떠도는 장돌뱅이의
아낙은 밤마다 잠 못 들고
아작아작 콩깍지 씹어대는
검은 염소의 되새김소리 들으며
하늘은 하염없이 눈을 내리고
개 짖는 소리 멀리 들리는 밤
끝날 것 같지 않은 강추위 속에서
등잔불 심지 돋우어가며
애타게 봄을 기다리는
영혼만 깨어있습니다.

제4부

향기 나는 사람들

소취원 | 35×50 최영호 |

천하지대본

실개울이 강을 낳고
강물이 넓은 바다를 낳듯
몸이 작은 아내가
큰 하늘을 셋씩이나 낳아
받들어 섬기듯 길렀다

그 하늘들이
하늘을 둘씩이나 낳아 기르는데
낳은 하늘 기르느라
낳아준 하늘은 뒷전이니
섭섭할 만한데
아내는 안 그렇단다

뒷전으로 밀려난 흙 수저 둘
그래, 하늘들아!
실컷 흙 파먹고 살아라
평생 부드러운 흙이 되어주마
천하지대본이니까.

쑥부쟁이

개울물 소리 훌쩍 멀어지면
후미진 산기슭에 쑥부쟁이 꽃핀다.

풀잎들 지쳐 길게 누운 길에
꽁지 붉은 고추잠자리 허공을 빙-빙
여름 내내 작렬했던 하늘이
석양 길 여민 앞섶에 물든다.

영롱한 이슬에 홑잎 얼굴 씻고
하늘하늘 먹빛 세상 구렁 길 돌아
마중 없이도 단숨에 찾아온 너

수줍은 듯 네 엷은 미소에
차마 시선을 돌리지 못 하겠다
절로 널 떠나지 못 하겠다.

갸웃이, 보채고 떼쓰지 않아도
너로 내 안이 가득 차 버렸다.

등불을 들고

등불 하나로 온 세상을 밝힐 수 있습니다
이별 뒤의 밤이 아무리 어두워도
당신의 약속 하나로 내 삶은 눈부십니다

마파람 속에 쉼 없이 흔들려도
심어준 꽃씨 하나 품고 키우는 기쁨이
언 땅을 뚫고 솟구치는 새싹의 기쁨입니다

아무리 토박하고 외진 꽃밭이라도
꺼지지 않는 등불 하나 환하게 켜들고
당신의 언약을 믿고 기다리겠습니다
펄펄 끓는 기도로 사랑을 꽃피우겠습니다

나의 숨 막히는 이 설렘
사과처럼 빨갛게 익은 열매 되도록
봄, 여름, 가을, 겨울 눈물이 되겠습니다

그 큰 뜻 이루도록 한결같이
당신 닮은 한 송이 꽃이 되겠습니다.

달팽이

장대비 한 떼
퍼붓고 지나간 후

집 앞을 지나는 달팽이
안테나 둘 세워
더듬거리며 가는 걸음

일하다 몇 번을 가 봐도
매번 거기서 거긴 것 같은
느릿한 행보
과묵한 여유
고요한 평정

아! 죽었다 깨나도
살아보지 못할
꼭 한 번 살아보고 싶은

오뉴월 땡볕 아래
배알도 뼈도 없는 삶.

굿 모닝

구름 걷히고
여명이 밝아오듯
마음 푸르게 열려라

서둘지 않아도
그 눈빛이 어둠을 여니
수척한 얼굴에
검은 물살이 걷히다

촛불을 꺼도
동천 우련히 붉으니
꽃피는 아침은
울어도 고와라

가슴 가슴
어둠 다 저물고
하늘빛으로 깨어라.

솔숲의 바람

나는 솔숲의 바람입니다.
조용히 떡갈나무 숲을 지나
저녁연기 피어오르는 시골집 언덕배기
솔숲의 바람입니다.

옹이진 가슴을 안은 채
평생 함께 강물소리 들으며
겨울에도 푸르름을 잃지 않는 솔숲

나는 눈비에도 울음하지 않고
늘어진 가지로 울음소리 삼키며
한겨울 추위에 맞서는
서늘한 소나무들과 함께 삽니다.

그들을 닮고 싶어서
그들처럼 변함없이 살고 싶어서
슬픔 잊고 항상 푸르게 서
아침마다 하늘을 우러릅니다.

향기 나는 사람들

대지는 깊은 곳에 온기를 품고 있습니다.
아직도 바람이 매서운데 꽃이 피는 것은
붉은 대지가 밑바닥에서
온기로 봄을 밀어 올리기 때문입니다.

봄에는 참고 견딘 것들이 돋아나 잎이 됩니다.
겨우내 땅 속에서 겨울과 맞서 싸워
추위를 이겨낸 것들이 고운 꽃이 됩니다.
제 속에서 저를 이기고
새로 거듭난 것들이 향기가 됩니다.

밤새 어둠 속에서
별빛 같은 눈을 뜨고 기다리던 것들이
먼저 새벽을 맞이하듯
눈을 부릅뜨고 세상의 어둠과 맞서 싸우며
희망의 날을 꿈꾼 사람들이
푸른 잎이 되고 세상의 꽃이 됩니다.

아름다운 사람, 향기 나는 사람들도 모두
어둠 속에서 겨울을 이겨낸 사람들입니다.

〈심상 2017년 9월호〉

귀농편지

아침 먹고 봄 쑥 한 소쿠리
점심 먹고 냉이, 달래 한 바구니
캐 들고 오는 이 맛 알겠는가?

장다리밭에 모시나비와 함께 묻혀
종일 꽃밭 가꾸듯 일하다가
해질녘 호박 한 덩이 따 들고
돌아오는 이 기분 알겠는가?

저녁 먹고 심심하면 마루에 앉아
별 아래 달 아래 피리 한 가락 불고
내키면 문득 시 한 수 써보는
이 고소한 맛 알겠는가?

개울물소리, 벌레소리에 잠들고
산새소리 들으며 아침을 깨는
이 몽환의 평화를 짐작하겠는가?

어쩌다 한 번씩 옥천 오일장에 들러
국밥 한 그릇 사먹고 빙빙거리다가
간 고등어 한 손 사들고

터벅터벅 떡갈나무 숲길을 걸어
돌아오는 이 여유를 알겠는가?

이보게, 우리 한 생이라는 게
저기 저 성황당 고개 넘어가는
구름 한 조각 같은 걸 아는가?

꿈꾸던 무지개 다 비워내고
한 그루 물푸레나무가 되어 사는
이 마음 자네 알겠는가

여보게, 내 걱정 마시게
산속에서 새소리 바람소리 들으며
사는 것으로 난 족하다네.

수몰민 김씨의 수장

이랑에 앉아 달개비꽃 씹으며
시집 간 딸아이가 보고 싶다더니
수몰민 되어 정든 고향 떠날 때
탄식 한 말에 한숨이 열 섬이 넘더니

이 마을 저 마을 떠돌다 돌아와
용담대교 난간에 걸터앉아
혼자 눈물 섞어 깡소주를 마시더니
이제, 한 줌 재가 되어 뿌려지는구나

재 너머 밭에 바랭이풀 같이 끈질기고
칡넝쿨, 쇠비름 같이 질길 거라더니
그게 다 개망초처럼 허세였구나

쇠뜨기풀, 엉겅퀴, 중대가리풀
도둑놈풀이 고향땅 망치는 줄 알았더니
내 땅 말아먹은 놈이 따로 있었구나
내 고향 물 내가 먹는데 웬 물세냐며
수도요금 받으러 온 사람 닥달하더니
그 원망도 이제 끝이로구나

다 비우고, 다 포기하고 살아도
고향만은 그게 안 되더라며 흐느끼더니
그 설움도 이제 강물에 잠기는구나.

가을을 보내며

하늘이 나날이 높아지는 만큼
가을이 하루에 한 길씩 멀어집니다.
장독대 위에도 낙엽이 가득
나무들은 모조리 잎을 쏟아내고
강물에 지쳐 누운 산 그림자도
갈꽃처럼 머리를 털고
물속에 이른 잠자리를 틀었습니다.
가슴 한 쪽이 텅 빈 것 같지만
우수수 이파리 떨구어 내고
굵은 알 빨갛게 매달고 서 있는
늙은 감나무를 보면
황토방에 장작불 지피고 언 감 먹던
겨울밤이 떠올라 마음이 따뜻해집니다.
아버지도 어머니와의 약속도
산까마귀처럼 날아가 버리고
긴 여운을 끌고 저녁 종소리 달리던 벌판엔
북에서 날아온 기러기들이
서리 내린 논두렁을 헤적이고 있습니다.
갈 것은 결국 소리 없이 가고
올 것은 또 오고야마는 늦가을 저녁
가만히 문빗장 열어놓고

언젠가 오고 또 가고야 말
인생의 늦가을을 조용히 내다봅니다.

이력履歷

많은 날 별을 보지 못했다.
언뜻 옹이 사이로 보이는 세상은
울어본 기억이 무성하고
가시떨기 밟으며 가는 길에
쇠고랑소리 쩌렁-쩌렁- 뇌성처럼 울렸다.
바닷바람에 편주片舟를 띄우고
폭풍이 그것을 뒤엎을 듯 위협하고
하늘도 물 쏟듯 비 퍼붓던 깜깜한 시간들
분꽃처럼 피고 지는 삶은
민둥산의 꿀벌처럼 울지 못하고
길 없는 길 위에 피를 흘려야 했다.
일향 헌 땅에 헌 삽 꽂아놓고
줄줄 턱밑에까지 흘러내리는 땀 훔쳐내며
유골로 갈 때까지 살아내야 하는
예견이 불가한 야생의 쟁투爭鬪
하루도 쉼이 없는 격전지엔
겹겹이 뜯기고 찢긴 상흔의 이력이
퇴각의 깃발처럼 펄럭이고 있다.
깃발에 물고기표식*이 새겨있다.

목숨이 붙어있는 한
거친 물살을 거슬러 가야 한다.

* 헬라어. 익수스(물고기) = 신앙의 표식

폼페이의 모성애 — 해산 중 미이라가 된

등뼈에 쇄골 흔적이
극명한 잿빛 화석의 주검에는
큐피드 화살보다
더 뜨거운 눈빛이 있었다.

산통이 고조 된 시선의 끝
상기된 여인의 몸부림에서
비릿한 생피生血의 향내가 났다.

천형의 재화 속에
파충류처럼 누워 엎드린 채
고통 중에 입을 앙다문 여인은
폭발의 화마 속에서도
태아의 안전에만 집중해있었다.

늑골 아래 두 심방에는
마그마보다 더 뜨거운
모성애가 펄펄 끓고 있었다.

산들바람

너의 청아한 숨결은
은빛 자작나무 숲을 지나
하얀 찔레꽃 아래 머문다.

푸르른 여운이 일어
살며시 이마를 스치면
가슴이 여린 풀잎처럼 설레어
까맣던 어둠이 씻긴다.

격한 몰아침 없이
무영의 시간을 유유히 흘러
신록의 가지 끝에 와 닿는
한 줄기 섬세한 산들바람

고된 행간에 지쳐
몸도 마음도 어질한 영혼을
살랑 깨워주고 간다.

별을 헤치며 오실 당신

그렇게 길고 오랜 기다림이
이렇게 짧은 이별이 될 줄 몰랐습니다.

굽이굽이 언 땅을 돌아온 냇물이
돌뿌리를 울리며 바다로 가듯
예외 없이 냉담한 우리의 삶도
굽은 눈물의 강을 흘러
결국 넓은 바다에 도달할 것입니다.

한 손에 별을 들고
또 한 손에 결별의 순간을 떠안고
눈물 마를 날 없는 구름밭에서
노령으로 흘러가는 사람들

어디서 이 긴 밤이 흘러오고
짧은 생령이 어디로 날아가는지
무거운 그림자로 새벽을 기다립니다.
백마 타고 올 당신을 기다립니다.

눈 속에 당신의 슬픈 잔물결을 보며
내 안에 깊은 어둠을 걷어냅니다.

고 박요한 목사님 영전에 ― 조사

어젯밤 초승달이 오동나무에 와 머물더니
하늘 바닷길, 목사님 타고 가실 배였나 봅니다.

만년필 잉크도 얼어붙는 서재실에서
밤늦도록 설교 준비하느라 고생하시고
사모님 떠나신 후,
혼자서 태산 같은 풍랑 헤치며
외딴 섬 돌며 양떼들 돌보시더니
이제 그들은 누가 돌봅니까?

추운 겨울 저희 집에 오셔서
생강차 드시며 따뜻해서 좋다 하시던 때가
엊그제 같은데
인사드릴 기회도 안 주시고 떠나셨습니까?
그렇게 정정하시고, 의지 굳으시더니
갑자기 부음이 왠 말입니까?

어느 해 봄날!
두 아들 죽인 원수를 아들로 삼은
애양원 손양원 목사님 무덤 앞에서

눈물로 감격이시더니
그리워 손 목사님 만나러 가셨습니까?

목사님!
더 따르고 섬기지 못해서 죄송합니다.
정말로 사랑했습니다.
참으로 존경했습니다.
그 사랑, 그 인자함, 그 성품
그대로 본받고 싶었습니다.

깜깜한 세상, 어둠 속 빤짝빤짝
만인의 가슴에 별이 되신 목사님!
꽃보다 더 짙은 향기를 남기고 가신 그 길
우리도 뒤 따라 가겠습니다.

무릎 꿇은 자국마다 흘리고 가신
기도의 눈물 우리도 따라 흘리겠습니다.
어깨에 무겁게 메고 가신 가시 돋친 십자가
우리도 메고 뒤 따라가겠습니다.

반딧불만한 빛 한 점이라도 되려고
노력하고 또 몸부림쳐보겠습니다.

부디, 해도 달도 필요 없는 그 나라에서
빛나는 얼굴로 평안하시기를 빕니다.
꿈결 같은 한 세상, 괴로움 다- 잊으시고
부디, 하늘나라 주님 품 안에서
다시 얼굴 뵐 때까지
행복하시기를 기도하겠습니다.

아이스레벤에서 — 마틴 루터의 도시에서

아버지, 꽃이 붉은들 피보다 더 붉겠습니까?
아직도 이 땅을 비추는 개혁의 불길
발끝 닿는 궤적마다 가슴 뜨거웠습니다.

아버지, 피가 뜨거운들
그들의 신앙보다 더 뜨겁겠습니까?
아직도 천지를 뒤흔드는 함성
눈길 닿는 흔적마다 영혼이 불탔습니다.

아버지, 아무리 절색이 아름다운들
그들의 존귀한 이름만 하겠습니까?
심령에 물밀 듯 밀려오는 감동
아직도 아이스레벤엔 강물이었습니다.

아버지, 그가 마지막 설교한 안드레이 강단에서
마지막 숨을 거둔 어둑한 침실에서
우리 모두는 소리 없는 울음으로 기도했습니다.

그날의 그 뜨거운 열정과 소명이
오늘 우리들 가슴에서 식지 않게 해달라고
다시 횃불처럼 불타오르게 해달라고.

〈2017년 창조문학 가을호〉

세느강에서 — 기욤 아폴리네르를 생각하며

이젠 더 생각 안 할란다.
넌 벚꽃처럼 져서 하롱하롱 떠난 지 오랜데
나 혼자 질책으로 남아 잠 못 드는구나.

아직도 넌 내게 눈부신 얼굴이고
마음속에 똬리를 틀고 있는 이름인데
이름만 떠올려도 가득한 사람인데
이젠 더 생각 안 할란다.

아직도 불러보면 눈물 솟는 그리움인데
붉은 잎 지면 휘영청 보름달인데
이젠 더 생각 안 하련다.

「미라보」 다리*를 다시 더듬어도
흘러가버린 강물처럼 만날 수 없고
온 생을 다해 구해도 얻지 못할 너이기에
나 이제 그만 잊으련다.

너무 아슬하여 그럴란다.
너만 그리워서 정녕 그럴란다.

* 미라보 다리에서 〈로랑생〉을 그리워하던 프랑스 시인 〈아폴리네르〉의 사랑을 그림.

융 프라우에서 — 알프스산에서

역방향으로 흐르는 기차가
시간의 골짜기를 거슬러 올라
우리를 몽환의 세계로 끌어올렸다.

찰나에 모두를
무지 의식으로 만든 설산은
어설픈 추상을 무색케 했고
티 없이 우아한 하이디의 숲에선
동화 속의 눈사람들이
깎아지른 능선을 따라
바람처럼 날아 내리고 있었다.

나는 붉은 코의 어릿광대처럼
설운이 떠가는 눈밭에서
돌아갈 둥지도 까맣게 잊은 채
가슴 떨리는 목소리로
설원의 풍경에 탄성을 올렸다.

겨울과 봄이 공존하는
높고 낮은 봉우리들을 바라보며

우리들 모두가 껴안은 삶도
슬픔과 기쁨이 공존하기에
더 아름다운 것임을 깨달았다.

들리는 소리 없이도
마음의 귀가 한껏 열리고
제 길로 떠오른 뭇 별들 사이로
무욕의 은빛 세계가
지구 끝에서 우주로 펼쳐졌다.

눈 속에 묻힐 듯
햇살 없이도 충분히 절경인
고만고만한 집들 속에
상아처럼 눈부신 영혼들이
비경 속에 꿈처럼 살고 있었다.

* 스위스 조상은 핍박을 피해 온 신앙인들이라고 한다.

개척자를 위한 축시

이 어두운 곳에 불 밝히게 하소서.
부딪치는 가슴마다 불꽃 타오라
이 열린 문으로 양떼들 모이게 하소서.

이 검고 붉은 절망의 땅에
부지런히 씨앗을 뿌리고 가꾸어
흘린 눈물만큼 결실을 맺게 하소서.
미련한 영혼들 줄줄이 깨어나
구름떼 같이 이 곳으로 달려오게 하소서.

저 고통 받는 사람들
오늘도 거친 땅에서 몸부림치나니
종의 헌신이 이 땅의 거름이 되고
전하는 복음 이 땅의 희망이 되어
이 곳에 가나안을 이루게 하소서.

맹수처럼 사나운 바다에서
비바람 몰아치는 광야에서
오늘도 까마득히 애타는 가슴
무참히 쓰러져가는 생명들

대가 없이 안아주고 사랑으로 품어주어
모두 살려내게 하소서.

외롭고 힘든 길, 길이 동행하사
종의 지팡이가 닿는 곳에 생수가 솟고
무릎 꿇어 기도하는 곳마다
에스겔의 기적이 일어나게 하소서.
이 고난의 순간들을 기쁨으로 감당하여
큰 영혼의 꽃밭을 이루게 하소서.

스쳐가는 사람 되지 않고
가슴에 길이 남는 사람
꽃처럼 기억되는 사람이 되게 하소서.

이천 십 칠년을 보내며

내 삶이 빛보다 그늘이 되지 않았는지
세월 한 자락 끝에서 뒤를 돌아보네.
아린 흔적이 굽어 지친 길로 수북한데
기별 없는 얼굴이 보일까 흐린 눈을 씻네.

오밤중에 찾아올 리 없는 옛 친구처럼
잊어져 가는 수몰된 고향 사람들처럼
덜거덩덜거덩 앞을 지나간 풍경 중에
철 지난 다랑논의 허수아비만 보이네.

도리 없는 파고에 홍안이 까맣게 되고
살가운 이웃들이 한 구석 그림자가 되었네.
이별 인사처럼 커피 몇 잔을 비우는 동안
그대는 소리 없이 자리를 떠 비우고
허세 없이 아쉬움만 남기고 떠나가네.

영혼의 허기를 채우려는 성스런 욕심 없이
후미진 곳에 부끄러움을 슬쩍 던져버리고
나 또한 보송한 걸음으로 새길 달리려네.
힘겹게 살아온 세월의 무게를 다 비우고
잘 익은 희망 한 입 물고 산 넘어 가려네.

불러본들 뒤돌아보지 않고 흘러가는 너
어두워가는 뜨락에 저녁 등불 하나 내걸고
절로, 메인 가슴으로 널 배웅하나니
잘 가시게. 다시 못 올 나의 이천 십 칠년.

시적 비전과 인간애의 성찰

— 최영호의 시세계

조 남 익
문학평론가

1. 하나의 도(道)에 흐르는 시학

시월 최영호 시인은 《문학사랑》(2010)과 《창조문학》(2011)에서 등단한 후 「가버나움」(2011) 「다 읽어도 남은 편지」(2016) 「필요한 만큼의 슬픔」(2018) 등의 시집을 상재한다. 시인들이 많은 시대이지만 그의 출현은 매우 이채로운 존재라고 할 것이다.

우리나라의 현대시 주류라면 시의 위의(威儀)로 일부 일컬어져 온 것처럼, 시의 높은 이상이 추구되어 왔고, 그것은 정신적 관조와 달관, 또는 독창성으로서의 권위와 규율을 목표로 한 것이었다고 할 수 있을 것이다 가령 정지용 한용운 서정주 등의 작품은 한

규범이었고, 흐트러짐이 없는 고고한 절창을 보인 것이라고 할 것이다.

그런가 하면 김현은 그의 「시와 톨스토이주의」에서 "톨스토이주의 범람은 한국 시관의 한 고질"로 진단한다. 이광수를 비롯한 일부가 도덕적 안일주의에 빠졌고, 이런 영향은 한국시가 종교적 주체성 상실과 허실적인 풍토로 전락시켜, 마침내 시가 기교위주의 '만든 시'가 된 것이라고 한다.

상징주의는 매우 중요한 미학임에도 그것이 학국시에서 거부된 것은 상징주의, 악마주의, 외설, 퇴폐적인 것 등을 도덕적 정결주의와 배치된 때문인 것으로 판단한다.

최영호의 시는 드물게도 사물을 보는 눈과 내면적 사유가 철학적 종교적인 깊이에서 출발한다. 그가 대전 사랑의 교회 담임목사의 신분이고 수많은 신도들을 '광야'에서 이끌고 가는 선지자의 신분이라고 하지만, 이는 수양과 재능의 또다른 요소의 측면에서 관찰되어야 할 것이다.

그러나 "사상이냐? 예술이냐?" 하는 문제는 이미 오래 전부터 있어왔고, 상당한 보편적 이해도 있는 편이라고 하겠다. 불교의 공(空), 힌두교의 존재, 도교의 끝없는 변화, 기독교의 영원 등은 종교적 상상력으로서 신앙의 외적 발현이 되는 것이다.

서정시는 시의 원형이며 영원한 시의 고향이다. 동서양을 막론하고 오랜 전통을 가진다. 그러나 오늘날의 서정시는 답보상태에 대한 위기의식이 높고, 이의 반성과 분발을 촉구하는 견해도 끊이지 않는다. 정서적 환기력을 높이기 위해서는 섬광 같은 고압적 이미지의 통합을 역설하기도 한다.

말하자면, 안일한 전통적 자세나, 언어의 유희, 시를 사소설 및 신변잡기, 개인일지 따위로 경도되어 있음도 지적된다. 따라서 지성적 서정으로 열린 자아의 사회성, 시대성, 역사성, 현실성 예언성 등을 요구하는 것이다 그러나 시문학이 하루아침에 혁명이 일어날 수 없음도 자명한 이치일 것이다.

이러한 현실적일 배경에서 최영호는 시적 비전이 누구보다도 풍부한 바탕에 있음을 들 수 있을 것이다. 거의 천성적인 시상의 개화가 기대되는 것이다 각계각층에 대한 인간관계와 이의 인생론을 담은 지혜와 정서, 사물에 대한 투시력 등이 체험에 용해되어 있고 시의 생명이 탄생하는 것이다. 그의 이런 경향은 누가 무어라 해도 탁월한 그의 시인적 역량인 것이다.

또한 최영호 시인은 시의 언어조학과 발굴에도 남다른 조예가 있고 노력을 아끼지 않는다. 언어에 대한 착상과 발굴이 눈에 띄는 바가 있는 것은 이 때문이다.

몇 가지 실례를 들면 작달비(굵고 거세게 퍼붓는 비), 해작질(해작이는 짓), 뒤란(집채 뒤의 울안), 곡비(옛날 초상 시 상주 대신 울던 종), 당최('당초에'의 준말), 달비(비처럼 쏟아지는 달빛), 오사허게('엄청나게'의 전라도 사투리) 등을 보게 된다. 국어사전에서 찾을 수 없는 낱말도 있었다.

언어의 발굴은 시의 중요한 책무의 하나이지만, 일제 강점기인 30년대의 그 현란한 국어적 표현에 비하면 지금도 많이 달라진 셈이다. 시인의 국어발굴의 뜻을 아끼는 바가 여기 있다.

소리 없이 타오르는 불꽃이다.

적도(赤道)보다 더 뜨겁게 타오르다
시베리아처럼 식어 버리는 심연(深淵)에
헐떡이는 새 한 마리

환희(歡喜)의 파고(波高)와
쓰디 쓴 고뇌(苦惱)의 주파(周波)가
쉬지 않고 순환하는
쳇바퀴에 달려 있다.

바닥까지 검게 말라붙는 가슴

사유(思惟)의 독방에 똬리를 틀고 앉아
무너지는 아성(我城)을 바라본다.

이지(理智)와 우매(愚昧)의 경계가 무너졌다.

—「불꽃」 전문

「불꽃」은 《창조문학》 신인상 당선작품의 하나이다. 치열한 시대정신과 현대적인 시형식의 완성을 볼 수 있을 것이다. 특히 「불꽃」과 상반되는 「새 한 마리」의 제시는 역설적 이미지의 통합을 보게 한다.

시창작, 곧 시인의 길은 하나의 도(道)에 이르는 길이라는 문학론은 이제 일반화된 이야기라 해도 과언이 아닐 것이다. 시의 기원설에 유희설이 있는데, 이제는 시가 사상 면으로 기울어졌음을 뜻할 것이다. "도(道)는 꼴(形)이 없으므로 보아도 보이지 않는다"

고 하였고, 시창작이란 하나의 도를 향한 모색이며, 시인의 사상과 예술이 함께 녹는 경지에 이르는 것이라 했다.

그것은 "천지는 나와 함께 오래 살고, 만물은 나와 함께 하나가 되어 있는 것"이란 만물일여(萬物一如)라도 해도 좋을 것이다.

위의 시 「불꽃」의 결구를 보면 "이지(理智)와 우매(愚昧)의 경계가 무너졌다"로 끝난다. 이는 만물일여의 경지 곧 창작의 무소불위의 세계로서 무한공간과 만나는 곳이다.

이와 같은 시학의 경지는 시인이 추구하는 정신적 세계가 고도의 완숙에 이르러야 비로소 하나의 도라고 할 수 있을 것이다.

2. 인생론적 정신 지령

최영호 시세계에서 주류를 이루고 있는 것은 인생론적 정신 지평이라고 하겠다. 그것은 기독교적인 세계관을 포함해서 정신주의의 시세계로 묶을 수도 있을 것이다.

출간된 3권의 시집 제호는 이미 그의 시 경향을 말해 준다. 첫 시집 「가버나움」 제호는 성경에 나오는 지명이다. 그리스도의 3년 동안의 사역지(使役地)이며 성지순례로 붐비는 곳이다. 시인도 성지순례를 다녀와서 "퍼 올릴 수 없는 세월을 넘어 무량한 그리움만 안고 돌아섭니다"로 시 「가버나움」의 결구를 맺는다.

그다음 시집인 「다 읽어도 남은 편지」와 「필요한 만큼의 슬픔」의 제호는 인생론적 정신지평을 열고 있는 것들이다. 시인은 세속주의를 거부하고 현실성에 대한 각성을 촉구하지만 근본적으로는 서정의 길, 인식의 길, 화해의 길로 인간 존재의 고귀성을 테마로 한다. 일부 승화된 작품에서는 스스로 순애적(殉愛的)인 인간애와 성직자의 균형 잡힌 논리로 이성적인 설득력을 높인다.

주제의식이 강한 시적 테마로 인해 시의 분량은 자연 길어지게 마련이고 그 탄탄한 서정적 논리성은 때로는 독자를 압도하는 감이 있다.

이와 같은 시 경향은 우리 선인들이 남겨 준 숭고한 정신의 집중 표현과는 그 단형과는 차이가 난다. 가령 이육사의 「절정」 김지하의 「타는 목마름으로」 조지훈의 「승무」 조정권의 「산정묘지」 등과 비교해 보면 길고 줄기차게 이어지는 새 형식이라고 할 수 있을 것이다.

최영호 시인의 시는 시의 절절함과 시적 비전으로 우리의 시선을 잡는 힘이 있고, 그만큼 감동의 효과로 놓치지 않는다. 다음 「섬」을 보기로 한다.

> 이제 멀어져 섬이 된 사람입니다
> 너무 멀어져서 보이지도 않습니다
> 그래도 마음은 늘 섬을 향해 있습니다.
>
> 날마다 섬이 사라진 곳으로 물길을 냅니다
> 언제쯤 배 한척 띄울 수 있을까요?
> 검은 갯바위에 앉아 하염없이 꿈이 꿉니다.
>
> 불꽃처럼 그리움이 타는 날
> 지친 내 앞으로 물길이 열리고
> 섬 하나 흘러오는 풍경을 떠 올립니다

나는 주저 없이 바닷물에 뛰어들 것입니다
일각이라도 빠른 섬과의 해후를 위해.

섬 하나 섬으로 흘러가기가
섬 하나 섬 사이로 흘러오는 것이
이렇게 어려운 세상인 줄 몰랐습니다.

오늘도 그리움이 파도처럼 이는
거친 바다에 나아가 섬을 찾습니다
바다는 너무 넓고 멀어 보이지 않습니다
마음만 늘 섬을 향해 들떠 있습니다.

비록 보이지 않는 곳에 있더라도
어제까지나 당신은 나의 그리운 섬입니다.

—「섬」 전문

가락이 만만치 않고, 그러기 때문에 더욱 질감을 높인다. 바다와 파도에 떠 있는 섬은 단순한 자연의 섬이 아니고, 간절한 동경의 대상으로서 절규하는 리듬을 타고 있다. "비록 보이지 않은 곳에 있더라도 언제까지나 당신은 나의 그리운 섬입니다."로 맺는다. 섬이 '섬'이 '당신'이 되는 이 간절한 인간 사랑의 노래는 세속적인 사랑을 초월하면서 궁극적으로는 신앙인의 메시아, 곧 예수 그리스도 정신의 시적 표현에 다름 아닐 것이다.

최영호의 시에는 '당신' 또는 '그대'가 적잖은 편이다. 다음은 3시집 「필요한 만큼의 슬픔」에 나오는 시 제목에 한정해서 이 대명사 용례를 뽑아본 것이다. 「내 등에 당신을 업고」「당신과 눈 맞추며」「내 그대를 사랑하는 일이」「낮달 같은 당신」「별을 헤치며 오실 당신」 등 5편이나 되었다. 시의 본문으로 들어가 조사한다면 훨씬 많을 것이다. 시인의 동경이나 사랑의 대상이 아주 뚜렷하다는 징표인 것이다.

그런데 이러한 동경이나 구원의 대상은 호소력이 높아지고 시 세계에 윤활유와 같은 모티브로서 문학적 성취를 높이게 된다. 최영호의 시가 율동이 높고 완숙한 기풍을 보이는 것은 이의 효과인 것이다.

일찍이 만해 한용운이 "님만 님이 아니라 기룬 것은 다 님이다. 중생이 석가의 님이라면, 철학은 칸트의 님이다."라고 한 유명한 「군말」의 님과 같은 효과인 것이다.

최영호의 시세계는 인생과 사회, 더 나아가 우주적인 질서에서도 긍정정신의 후광이 있고, 적극적인 판단도 뒷받침되어 있다. 서정적인 영혼, 신비로운 시혼이 범신론적인 사유를 탄생시킨다. 유년과 고향에 대한 신화적 인식으로 서정시를 장식하기도 한다.

「사랑해서 미안합니다」「내 그대를 사랑하는 일이」「강물에 슬픔을 씻는 사람들」「자갈밭」 등 일련의 작품을 보면, 시적 사고력과 지혜의 요소들이 시의 질을 높이고 있다. 그것은 때로 뛰어난 발상에 전율하는 서정시의 효과이기도 한 것이다.

3. 기독교적 세계관의 영향

널리 알려져 있는 바와 같이 단테의 「신곡」 밀턴의 「실락원」은 모두 장편서사시로서 수많은 세계문학 작품을 가운데서 단연 으뜸으로 치는 명작이다. 이 위대한 서사시가 모두 기독교의 신학적 세계관의 산물인 것이다.

기독교 역사가 짧은 우리나라에서는 윤동주 정지용 김현승의 시가 기독교적 영성의 산물로 많이 알려진다.

최영호의 시에서도 이런 세계관을 엿보게 하나. 그러나 인생론의 내용이라고 해서 그것이 곧 종교성까지 포용되는 것으로 단정하기는 어려울 것이다.

더구나 우리의 현대시에서 기독교적 종교성 작품으로 드는 경우가 있지만 대부분은 배면에 흐르는 정서나 내면화의 과정일 뿐 시어나 소재의 차원에서도 기독교적 종교성으로 드러내는 작품은 많지 않은 것이 우리의 현실이다.

윤동주에 대해서는 상당한 정평이 있다. 윤동주는 "그의 정신세계를 시로서 완성한 신인"(김용직)이라거나 기독교 정신의 육화라는 측면에서 "윤동주를 뛰어넘는 시인은 드문 것 같다"(김주연) 등의 비평이 그것이다.

다시 말하면 윤동주는 신앙체험의 정신세계를 서정으로 감싸면서 안성도 높은 미학적 결정체를 남긴 신인으로 평가된다.

최영호의 시를 보기로 한다.

> 한 생명은 꽃일까요? 눈물일까요?
> 한 겨울길이 이렇게 거칠고
> 한 토막 해작질이 이렇게 격한 줄 몰랐습니다.
>
> 강바람에 갈대는 우는 걸까요? 노래하는 걸까요?
> 불을 지펴도 차가워지는 피가 파랗고
> 거꾸로 달려도 희어져가는 머리가
> 폐목선에 실린 낡은 어망처럼 흔들립니다.

기쁨이 슬픔과 함께 모여 살고
은혜와 진노가 섞여 솟구치고
아침이면 허물이 가슴속에서 깨어나고
저녁이면 깎아지른 벼랑 끝에서
기운 해가 황망히 놀에 머리를 감습니다.

아침에 *카트만두의 비보를 보고 들었습니다
가슴에 손을 얹고 내가 저지른 원망과
지금 느끼는 어리석은 슬픔이
얼마나 사치스런 일인가를 깨달았습니다.

잠들기 전에 *푸시킨의 시를 읽었습니다
단언컨대 슬픔이 없는 사람은 없습니다
의미도 없이 날뛰며 기뻐하는 것보다
필요한 만큼의 슬픔을 지니고 사는 사람이
진정 행복하다는 걸 깨달았습니다.

스쳐 지나가버리고나면
사랑 때문에 슬퍼할 수도 없는 것을.

—「필요한 만큼의 슬픔」 전문

일반적으로 행복과 불행, 또는 기쁨과 슬픔에 대한 문학적 취향은 거의가 전부 아니면 거부가 그 통념이었다. 이는 흔히 현실부정의 의지로 표현된다. '슬픔'이란 부정 또는 거부의 대상이었지 일부를 수용하는 '필요한 만큼의 슬픔'이란 거의 없었다고 할 수 있었다. 시인의 새로운 현실인식인 것이다.

이 시는 꽃과 눈물(1연), 울음과 노래(2연) 기쁨과 슬픔, 은혜와 진노(3연), 그리고 '어리석은 슬픔'(4연)을 거쳐 마침내 "필요한 만큼의 슬픔을 지닌 사람이 진정 행복 하다는 걸 깨달았습니다”(5연)에 이른다. 인생통찰의 새로운 달관인 것이다.

윤동주의 「서시」에는 “죽는 날까지 하늘을 우러러 한 점 부끄럼이 없기를 잎새에 이는 바람에도 나는 괴로워했다는”는 상당히 충격적인 표현이 서두에 나온다. ‘한 점 부끄럼’이란 매우 극단적이고 이채로운 표현이기 때문이다. 기타 「자화상」「십자가」 등의 시에서 윤동주는 그의 초경험적인 이성의 세계가 예수 그리스도의 삶이 자신의 삶이 될 수 있다는 깨달음으로 관조의 눈을 얻는다.

최영호 시인의 작품을 지탱하고 관통해서 흐르는 것은 앞에서 언급한 바와 같이 ‘인생론적 정신 지평’이며 그것은 기독교적 세계관과 연결되어 있다 그리고 ‘필요한 만큼의 슬픔’을 수용하는 시의 경지에 이른다.

현대사회가 복잡해지면서 서정시의 오랜 보수성은 해체의 전략으로 돌출되기도 한다. 이는 당위성이 있고, 새 언어의 발굴 참신한 표현 등에 시도되는 바가 있고 난해시의 합리적 주장도 여기서 나온다. 그러나 정신주의 면에서는 여전히 어떤 한계가 있다고 보여진다.

최영호의 시세계에 관심이 가는 것은 무엇보다도 의미심장한 종교적 세계관과의 연결된 그의 시작 태도를 주목하기 때문이다. 시의 주제와 향기가 그의 깊은 데서 피어나고 있는 것이다.

4. 시의 십자가를 찾아서

표현을 얻어야 한 편의 시는 존재한다. 아무리 사상이 심오하고 뜻이 있을지라도 미적 감수성의 표현을 얻지 못하면 작품성은 거의 성립되기가 어렵게 된다. 그리고 많은 시를 썼어도 절창시, 곧 대표작 몇 편이 겨우 남을 뿐이다. 시의 예술성, 또는 문학성이라는 판별은 시의 표현에 그 연원을 두고 있다.

범신론적인 상상력에서 시의 신화는 탄생한다. 그리고 시의 서정은 본질적으로 신화적 세계에 대한 동경이다. 시는 본래 효율성을 고려하지 않음으로서 최고의 효용을 발휘하게 되는 역설의 미학이다. 다음에 두 편의 시를 보기로 한다.

쓴 웃음이 시든 꽃다발 닮았다
우두커니 하늘에 뜬 초저녁 별
퇴색의 공간에 일광一光이 푸르다

가을걷이가 끝난 지 오랜 빈들에
난알 몇 개처럼 남은 추일의 노병들이
불러만 줘도 번쩍 눈을 뜰 것 같다

기울어진 허리를 곧추세우고
볕이 따스한 남향으로 눈귀울이면
금이 간 손거울에 「아말리아」의 얼굴이
수면 위의 물너울처럼 흔들린다

바람은 경주마로 번화가를 빠져나가고
꽃잎 몇 장 주워들고 서성이는 길목에
가을 한 자락 끝이 영롱하다

경적도 없이 황망히 내달려
멀어지는 망우선 열차의 꽁무니로
추상이 눈발처럼 흩날린다.

—「추상」 전문

대지는 깊은 곳에 온기를 품고 있습니다
아직도 바람이 매서운데 꽃이 피는 것은
붉은 대지가 밑바닥에서
온기로 봄을 밀어 올리기 때문입니다

봄에는 참고 견딘 것들이 돋아나 잎이 됩니다
겨우내 땅 속에서 겨울과 맞서 싸워
추위를 이겨낸 것들이 고운 꽃이 됩니다
제 속에서 저를 이기고
새로 거듭난 것들이 향기가 됩니다

밤새 어둠 속에서
별빛 같은 눈을 뜨고 기다리던 것들이
먼저 새벽을 맞이하듯
눈을 부릅뜨고 세상의 어둠과 맞서 싸우며
희망의 날을 꿈꾼 사람들이
푸른 잎이 되고 세상의 꽃이 됩니다

아름다운 사람, 향기 나는 사람들도 모두
어둠 속에서 겨울을 이겨낸 사람들입니다.

—「향기나는 사람들」 전문

이 두 편의 시는 그 정조(情操)가 사뭇 다른 점도 있고,유사한 내용의 의지가 엿보이기도 한다. 그러나 모두 고차원적인 고등감

정의 소산이다.

(A)의 「추상」은 '추상같다'란 말이 있는 것처럼 서슬이 퍼런 이미지의 말이다. 빈틈이 없는 완성을 보인다. 그러면서 "가을 한 자락 끝이 영롱하다"(4연), "추상이 눈발처럼 흩날린다"(5연)에서 눈길을 끈다. 서슬이 퍼런 속에 오히려 빛나는 아름다움이 있는 작품이다.

(B)의 「향기나는 사람들」은 경어체의 호소력으로 초봄의 생명력을 노래한다. "눈을 부릅뜨고 세상의 어둠과 맞서 싸우며/ 희망의 날을 꿈꾼 사람들이"(3연) 세상의 꽃이 되고 향기나는 사람들이라고 칭송된다. 다분히 교훈적인 내용이라 할 수 있다. 작품으로 말한다면 9A)의 「추상」이 훨씬 우세할 수 있을 것이다. 그만큼 (A)에는 이색적인 새로운 표현도 있기 때문이다. 이러한 배경은 최영호의 시세계에 시사하는 바가 있을 것이다.

시월 최영호는 시의 주제 인식에 투철한 소양을 지닌 시인이며, 시의 조탁과 표현적 기능에도 조예가 깊은 시인이다. 그의 시는 인생론적 정신 지평에서 포용적인 인간애와 성찰의 내공으로서 상당한 진척이 있다. 감동적인 내용, 서정적 정취의 파노라마는 시의 품위에도 크게 기여한다.

그의 정신 지평에는 기독교적 세계관의 서광이 광야의 끝에서 빛나고 있다. 시가 종교성을 담보하게 되는 것은 예술성과의 긴장이 따르겠지만, 오히려 새로운 깊이와 분출로서 문학적 성취가 기대된다. 그는 이제 시작이라 해도 과언이 아니다. 그러나 누구보다도 대망의 시인이며, 미래의 시인이라 할 수 있다.

노자의 역설에 대교약졸(大巧若拙) 대변약눌(對辯若訥)이라는 유명한 말이 있다. 처음에는 누구나 서툴고 눌변이지만, 시간이 흐르면서 최고의 기교와 달변으로 나아간다는 것이다. 최영호 시인의 대성을 기대하는 소이가 또한 여기 있다.

최영호 시집
필요한 만큼의 슬픔

발 행 일 | 2018년 1월 18일
지 은 이 | 최영호
발 행 인 | 李憲錫
발 행 처 | 오늘의문학사
출판등록 | 제55호(1993년 6월 23일)
주　　소 | 대전광역시 동구 대전로 867번길 52(한밭오피스텔 401호)
전화번호 | (042)624-2980
팩시밀리 | (042)628-2983
전자우편 | hs2980@hanmail.net
카　　페 | cafe.daum.net/gljang(문학사랑 글짱들)
cafe.daum.net/art-i-ma(아트매거진)

공 급 처 | 한국출판협동조합
주문전화 | (070)7119-1752
팩시밀리 | (031)944-8234~6

ISBN 978-89-5669-885-4
값 20,000원

* 이 책은 교보문고에서 E-Book(전자책)으로 제작 · 판매합니다.
* 잘못 제작된 책은 바꾸어 드립니다.
* 이 책은 대전문화재단 과 대전광역시 에서 사업비 일부를 지원받았습니다.

●●● 문학사랑 시인선 ●●●

001 전태익 눈빛 닿는 곳마다
002 리헌석 갈채하는 숲
003 상동규 수직으로 일어서면 수평으로 눕는 바다
004 정재권 대나무를 충고한다
005 조남익 기다린 사람들이 온다
006 정진석 아름답고 향기로운 사람꽃
007 양태의 혼자 우는 뒷북
008 리헌석 섬버위
009 이순조 하늘 닮은 사랑
010 김명배 몸 밖에 마음 두고
011 김기양 김기양의 허수아비
012 경홍수 솔바람의 향기
013 이완순 세상 위에 나를 그리다
014 오희용 이야기 나무
015 곽우희 여전희 푸르고
016 조근호 바람의 동행
017 김영우 길 따라 물길을 따라
018 조남익 광야의 씨앗
019 지봉성 고도
020 이근풍 아침에 창을 열면
021 나이현 들국화 향기 속에
022 이영옥 길눈
023 전성희 당신의 귀가 닫힌다
024 김기원 행복 모자이크
025 김영수 소쩍새 한 마리
026 고덕상 고요한 기다림
027 권상기 초록빛 그리움
028 김주현 분명한 모순
029 김해림 멈추지 않는 발걸음으로